AF311242

LE
COLLÈGE D'AUBUSSON

Rapport au Conseil Municipal

(Séance du 18 Novembre 1900)

PAR

HENRY CLÉMENT

AUBUSSON
Imprimerie-Librairie J. Moluçon, 58-60, rue Vaveix
—
20-2-1901

Collège d'Aubusson

Rapport au Conseil Municipal

Messieurs,

Au moment de renouveler avec l'Etat le traité décennal relatif à notre Collège, il me semble utile de remonter en arrière et de donner sur l'histoire et la vie de cet établissement quelques détails qui nous permettront d'apprécier en plus complète connaissance de cause la question qui vous est actuellement soumise.

Avant la Révolution, la ville d'Aubusson ne possédait aucun établissement public d'enseignement secondaire. L'instruction y était donnée par les RR. PP. Récollets qui y avaient été appelés par une délibération du 13 novembre 1614 par laquelle les habitants leur demandaient « de s'appliquer à l'instruction du peuple ». Ils établirent leur couvent dans la partie de la ville où se trouvent actuellement le Palais de Justice, la prison et la place Villeneuve. Après la loi du 13 février 1790, qui supprima les ordres religieux, le couvent devint une propriété nationale. Quatre ans plus tard, une école centrale, c'est-à-dire un collège départemental, fut fondée à Aubusson, non sans difficulté, car la ville de Guéret fit de nombreuses démarches pour l'obtenir. Nous lisons, en effet, dans une délibération du Conseil général de la commune d'Aubusson, en date du 15 ventôse an III : « Un membre a observé qu'il parassait décidé au Comité de l'Instruction publique de la Convention, d'après l'avis de la députation de la Creuse, que l'école centrale du département de la Creuse serait fixée à Aubusson, mais que la commune de Guéret avait envoyé deux commissaires pour contrarier et faire changer, s'il leurs (*sic*) était possible, cette décision ; que, dès lors, il était à propos que le Conseil général envoyât de son côté un commissaire à Paris pour surveiller les démarches des commissaires de Guéret et pour empêcher que la commune d'Aubusson perde un établissement aussi avantageux ; que, d'ailleurs, la Convention venait de décréter que dix millions seraient employés à titre de secours et répartis entre tous les départements ; que le commissaire d'Aubusson pourrait faire connaître au Comité de Salut public l'indigence extrême et la privation absolue de travail qu'éprouvent presque tous les citoyens de cette commune et demander à ce Comité une somme proportionnée à l'indigence extrême de presque tous les habitants ». (*n*° 588 *du registre*).

Le 29 floréal, an III, mêmes doléances : « Le Conseil général, instruit des démarches que les commissaires de la commune de Guéret renouvellent encore auprès de la Convention Nationale pour obtenir le rapport du décret du 18 germinal qui fixe à Aubusson l'établissement de l'école centrale du département de la Creuse, invite le citoyen

J.-B. Assolant, actuellement à Paris, de faire les démarches nécessaires pour empêcher le rapport de ce décret, soit auprès du Comité d'Instruction publique, soit à la Convention Nationale, présenter et faire imprimer tous mémoires et pétitions, s'adjoindre telle personne qu'il jugera à propos ; enfin à faire tout ce qu'il croira nécessaire pour obtenir la conservation de cet établissement dans la commune d'Aubusson, s'en rapportant à son zèle, à son activité, à son amour pour la patrie. » (*n° 609 du registre*).

L'école fut ouverte le 1er floréal an IV, puis la loi du 30 nivôse an V affecta à son service l'ancien couvent des Récollets. Nous avons retrouvé, il y a quelques jours, le *Procès-verbal de la distribution des prix* du 30 thermidor an VII, qui donne des détails précieux sur son personnel, sur son organisation et ses programmes d'enseignement (1). La réunion fut présidée par le citoyen Joullietton, le futur historien de la Marche, membre et délégué de l'administration centrale. Un des professeurs, le citoyen Seguy-Lavaud, prononça un discours sur les avantages de l'instruction ; puis, J.-B. Grellet, membre du Jury d'instruction publique, félicita les professeurs sur les progrès de leurs élèves et déclara que le jury avait été satisfait des méthodes suivies dans chaque cours. Le palmarès nous apprend que l'enseignement de l'école comprenait quatre classes de langues anciennes, un cours de dessin de figure, de fleurs et d'ornements, un cours de physique, de chimie et d'histoire naturelle, deux classes de mathématiques, enfin une classe de belles-lettres, avec des cours d'histoire et de gram-

---

(1). A Guéret, à l'Imprimerie Guyès, an 8 de la République.

maire générale. Après plus de cent ans, c'est, en somme, à ce programme d'ensemble que nous voulons revenir, comme vous le verrez plus loin.

Nous voyons, en outre, que l'Ecole centrale était fréquentée, non seulement par des externes, mais par des jeunes gens de Felletin, de Crocq, de Magnat, de Bellegarde, de Guéret, de Chambon, de Saint-Avit-de-Tardes, de Gouzon et de Châtelus. Elle comprenait sept professeurs et un bibliothécaire (1). Ajoutons qu'en l'an IX l'Ecole comptait 139 élèves (2). Elle fut fermée au moment où l'Université fut organisée par Napoléon Ier.

Les choses restèrent longtemps ainsi et ce n'est que vers 1834 qu'un certain nombre de pères de familles résolurent de faire, à leurs frais, ce que refusait de faire l'Etat, qui, alors comme aujourd'hui, réservait ses subventions pour les grandes villes. Ils formèrent, par devant notaire et après bien des négociations, une société civile, destinée à réunir les fonds nécessaires pour l'établissement d'un collège de plein exercice. L'acte est du 15 février 1835 ; il fut rédigé par une commission composée de MM. J.-J. Sallandrouze, Grellet-Aumont, Nalèche, Dayras jeune, Delavallade, pharmacien, et Hippolyte Grellet. La société se composait d'actionnaires qui avaient souscrit 152 actions de 600 francs chacune ; elle devait durer cinquante ans. Vous trouverez les détails de l'organisation dans l'acte dont une expédition est aux archives municipales. Vous y trouverez aussi la liste des personnes qui coopérèrent à la fon-

---

(1). Professeurs, les citoyens Cazalis, Lachaume, Seguy-Laraud, Gypoulon, Sarelron, Cassius, Dumasrambaud ; Bibliothécaire, Espagne.

(2). Voy. Cyprien Pérathon, *Histoire d'Aubusson*, p. 279 et 472.

dation du collège en souscrivant des actions : nous ne pouvons la reproduire sans allonger ce rapport outre mesure, mais elle est intéressante à connaître. Dans une ville de 4 à 5.000 âmes, il s'est trouvé une réunion de pères de familles appartenant à toutes les classes de la société pour fonder un collège à leurs frais. Les hauts fonctionnaires, les avocats, avoués, notaires, les commerçants, les fabricants de tapis, des artisans, des ouvriers tapissiers, tous mûs par un esprit de patriotisme local très élevé, ont sacrifié une somme importante pour instruire leurs enfants et les préparer aux diverses situations de la vie. Nous sommes heureux de rendre ici, à cet effort d'initiative privée, un hommage auquel s'associeront tous ceux qui gardent le culte du passé, le respect des ancêtres et le souvenir fidèle de l'histoire de notre chère et illustre ville d'Aubusson.

Dans une petite ville, la création d'un collège est une grosse affaire, sur laquelle il faut revenir souvent avant d'aboutir à une solution précise. Aussi, après bien des discussions de séance, bien des réunions de commissions, on finit par obtenir le résultat désiré. Le 15 août 1837, le Conseil municipal vota une subvention de trois mille francs pour faire face aux frais de premier établissement. Ensuite et le 5 août 1838, après des pourparlers avec l'administration académique, une délibération fut prise pour fonder officiellement le Collège. Déjà, un arrêté du recteur, en date du 30 juin précédent, avait créé, conformément au décret du 4 juin 1809, un bureau d'administration et un projet de budget avait été dressé pour fixer la part contributive de la ville dans les dépenses. La ville devenait locataire de l'immeuble bâti par les actionnaires pour six années et sans autre condition que celle d'y établir un collège et de l'ouvrir le 6 octobre suivant. Enfin, le Collège fut définitivement fondé par une ordonnance royale du 27 novembre 1838, qui est contresignée par M. de Salvandy (3). On procéda bientôt à l'inauguration de l'établissement et le Conseil municipal vota une subvention annuelle de 6.000 francs. (*Délibération du 13 mai 1839 — n° 242.*)

Dès l'année suivante, on constatait un déficit de 25.000 francs. (*Voy. le rapport de M. J.-J. Sallandrouze à la séance du 6 décembre 1838 - n° 299.*) On créa dix actions nouvelles de six cents francs, qui furent déclarées privilégiées sur les premiers remboursements. Le Conseil d'administration décida, en outre, d'emprunter 20.000 francs par voie d'obligations. Cette somme figure encore dans les charges budgétaires de la ville.

---

(3) Voici cette ordonnance :

Nous, Louis-Philippe, Roi des Français, à tous présents et à venir, salut.

Vu la délibération du Conseil municipal d'Aubusson (Creuse), en date du 5 août 1838, tendant à obtenir la création d'un collège communal dans cette ville ;

Vu le projet de budget de ce collège pour l'année classique 1838-1839 approuvé par la délibération précitée ;

Vu l'avis du Conseil Royal de l'Instruction publique ;

Vu le rapport de notre Ministre Secrétaire d'Etat au département de l'Instruction publique, Grand-Maître de l'Université ;

Avons ordonné et ordonnons ce qui suit :

Art. Ier. — Il est créé dans la ville d'Aubusson (Creuse) un collège communal, lequel sera placé dans les bâtiments sis en ladite ville, quartier Saint-Jean, qui ont été établis et offerts à cet effet par une société d'actionnaires qui est mentionnée dans la délibération du Conseil municipal ci-dessus visée.

Art. II. — Le Conseil municipal d'Aubusson devra garantir les traitements des fonctionnaires de l'établissement et les porter chaque année au budget communal avec les autres sommes qui pourraient être nécessaires à l'installation du collège.

Art. III. — Notre Ministre Secrétaire d'Etat au département de l'Instruction publique est chargé de l'exécution de la présente ordonnance.

Fait au Palais des Tuileries, le 27 novembre 1838,

Signé : LOUIS-PHILIPPE.

Par le Roi, le Ministre, Secrétaire d'Etat au département de l'Instruction publique,

Signé : SALVANDY.

Voici quel était, à ce moment, le budget du Collège :

Recettes :

1° Rétribution des internes,
à 80 francs l'un........   3.962 00

2° Externes, à 135 fr. l'un
(moins le droit univer-
sitaire)..............   6.940 00

3° Subvention de la Ville...   6.000 00

Total........   16.902 00

Dépenses :

1° Traitement des profes-
seurs........ ....   16.422 00

2° Intérêt de l'emprunt
(1.000 francs) et frais de
bureau (85 francs).....   1.085 00

Total........   17.507 00

Le déficit était donc de 605 francs.

Grâce à ce budget, on arrive à connaître le nombre des élèves qui fréquentaient alors notre collège. En effet, aux termes du traité passé avec le principal, celui-ci devait payer une redevance sur les internes, qui était ainsi fixée : De 1 à 40 élèves, 70 francs ; de 1 à 50, 75 francs ; de 1 à 60, 80 francs ; de 1 à 70, 85 francs ; en outre, il fallait déduire de la rétribution des externes le droit universitaire qui était de 23 fr. Cela faisait donc 51 pensionnaires et 60 externes.

Malgré cette prospérité apparente, des difficultés financières s'élevèrent entre la ville et M. Nadaud, principal, car la gestion présentait un déficit de 1.741 fr. 79. Le principal fut déplaé, la

Ville paya les dettes et on remplaça le système de l'abonnement par la régie directe avec un économe. Le principal recevait un traitement de 2.600 francs en dehors de son logement. (*Délib. du 14 mars 1841, 18 juin 1841 et 5 septembre 1841, naméros 321, 339 et 349*).

Ce système ne donna pas de bons résultats. Des difficultés surgirent entre l'économe et le nouveau principal, M. l abbé Mitraud. Le Conseil demanda le changement de celui-ci et que son successeur fût chargé de faire une classe. Quelques mois après, il vota un emprunt de 20.000 francs pour rembourser les créanciers qui avaient prêté en 1838 (*Délib. du 21 août 1843*). Cet emprunt ne fut définitivement décidé que le 16 septembre 1945 (*Délib. n° 557*). à la suite de la constatation d'un nouveau déficit de 2.000 francs.

En 1843, on créa deux bourses d'externat pour des enfants d'Aubusson. âgés de moins de 12 ans et qui sortiraient les premiers d'un concours entre les élèves de l'école primaire communale. alors dirigée par les Frères des Ecoles Chrétiennes. Le premier boursier fut un jeune homme d'Aubusson qui, plus tard. a été l'excellent professeur de sciences que nous avons connu. (*Délib. du 29 septembre 1844. n° 521*).

A cette époque (*Délibération du 7 septembre 1845, n° 555*), le personnel dn Collège était le suivant :

Le principal avec un traitement de.......................... 2.000 fr.
L'aumônier....................... 300
L'Econome....................... 700
Le régent de Sciences 1.400
Le régent de philosophie et de rhétorique......................... 1.400

Le régent de seconde......... 1.300
    —   troisième........ 1.200
    —   quatrième....... 1.100
    —   cinquième.. .... 1.000
    —   sixième '........ 950
    . -   7ᵉ et 8ᵒ......... 900
Le professeur de la classe de
  français................. 1.000
Le professeur de lang. vivant. 200
2 Maitres d'études à 400 francs
  chacun................... 800
Le Concierge............... 150

En 1846 *(Délib. du 28 juin nᵒ 580)*, on abandonna la régie et on vota de nouveau une subvention de 6.000 francs au Principal. Ce système fut modifié à l'arrivée du nouveau principal, M. Lachat, qui prit l'administration du Collège moyennant un traitement de 1.000 francs et l'encaissement des 4|5 de la pension des internes. En même temps, l'Etat accordait une somme de 5.613 fr. 60 pour les réparations à l'immeuble et pour l'achat de mobilier et de matériel. *(Délib. du 14 février 1847, nᵒ 608, et 11 septembre 1848, nᵒ 700).* Pendant cette dernière année, la subvention de la ville fut de 6.424 francs.

Le budget de 1850 qui est à peu près le même (6.477 francs de subvention) constate la présence de 40 externes et de 10 élèves de la classe primaire, les uns et les autres payant 100 fr. par an. Le collège subit alors un mouvement de profonde décadence, à tel point que les professeurs n'étaient plus régulièrement payés. Il y avait, en 1851, quinze internes, trois demi-pensionnaires, 20 externes payants et 4 externes boursiers. En outre, la classe primaire comprenait 10 pensionnaires et 30 externes. En 1852, la situation s'était encore aggravée et le Conseil refusa de renouveler son bail avec les actionnaires.

Mais il négocia avec M. Bertrand, alors professeur au Collège, qui s'engagea à faire face à toutes les dépenses de l'établissement, à payer tous les employés et professeurs qui y seraient attachés, à faire les réparations locatives, à entretenir le mobilier, moyennant une subvention de 3.000 francs en outre de la pension des internes et de la rétribution scolaire des externes qui devaient lui être entièrement versées. Ce traité fut confirmé par un nouveau bail de la ville avec les actionnaires et M. Bertrand fut nommé principal (8 février 1852). Il a exercé ses fonctions jusqu'en 1874, aux mêmes conditions, sauf que la subvention de la ville fut portée, dès 1853, à 4.000 francs ; la différence de 1.000 francs fut consacré au cours d'enseignement spécial. Pendant cette longue période, le Collège a connu une ère de prospérité qu'il n'a plus retrouvée depuis ; ses élèves ont obtenu de véritables succès dans les concours académiques et même au concours général. Il résulte des budgets que nous avons consultés que la dépense moyenne du Collège était alors de 9.600 francs pour environ 30 externes et de 85 à 90 pensionnaires.

Je ne veux pas vous entretenir d'une question fort importante qui n'a pu être encore résolue et qui ne le sera sans doute jamais, je parle de la propriété de l'immeuble du Collège. Il appartenait à la Société des actionnaires, mais celle-ci a été dissoute en 1885 par l'expiration de son temps de durée prévu à l'acte de fondation (50 ans), sans que personne ait songé à en faire prononcer auparavant la dissolution volontaire par les actionnaires qui auraient alors cédé régulièrement la propriété de l'immeuble à la Ville, à la seule condition de maintenir le Collège.

Depuis 1885, il faudrait réunir l'unanimité des actions pour arriver à ce résultat, mais cela est matériellement impossible, à cause du nombre considérable d'intéressés. En 1866 et en 1880, le traité décennal a été renouvelé sans qu'on se soit préoccupé de cette question. En 1890, nous réunîmes les actionnaires, mais nous ne pûmes centraliser que 107 actions, ce qui était insuffisant. Nous ne nous en considérons pas moins comme étant pratiquement sinon juridiquement propriétaires du Collège.

D'après le traité de 1890 qui va expirer bientôt, le prix de l'internat était fixé à 400 francs, les demi-pensionnaires payaient 300 francs et 230 fr. pour la classe primaire et enfantine, les externes 100 fr. pour l'enseignement classique, 50 fr. pour la classe primaire et 30 fr. pour la classe enfantine que devait diriger une institutrice. Le principal devait payer à la Ville une redevance de 30 fr. par élève interne au-dessus du nombre de trente. Le traitement du personnel était le suivant :

3 classes de 1er ordre à 2.500 fr... 7.500 f.
3   —   2e   —   1.900 fr... 5.700
1   —   3e   —   1.400 fr... 1.400
Rép titeur de la 6e et 7e classe..   700
Répétiteur de la surveillance....   600
Aumônier..........................   300
Institutrice 1.200

Ce dernier chiffre a été élevé à 1.400 puis à 1.600 francs.

Avec les dépenses d'entretien ou autres, on arrivait à un budget de 21.200 fr. Sans y comprendre le service de l'emprunt de 20.000 francs pour lequel nous avons voté plus tard un emprunt amortissable, la part de la ville dans ce budget a été de 8500 à 9500 en moyenne. Aujourd'hui, le budget

total s'élève à un peu plus de 25.000 fr.
(Le chiffre de 1900 est de 25.481 fr.)

Complétons nos renseignements en disant qu'une chaire d'agriculture a été créée au Collège en 1892 et qu'elle a été supprimée en 1898, sans avoir donné de résultats bien appréciables.

Terminons cet exposé historique par la liste des principaux qui ont administré le Collège depuis sa fondation :

De l'origine à 1842........ M. Nadaud.
Du 14 novembre 1842 au
   30 mars 1846.......... M. Miraud.
Du 30 mars 1846 au 3 mai
   1849.................. M. Lachat.
Du 3 mai 1849 au 8 février
   1852.................. M. Testut.
Du 8 février 1852 au 1er
   août 1874............. M. Bertrand.
De 1874 à 1881........... M. Raffy.
De 1881 à 1786........... M. Brault.
De 1886 à 1887........... M. Bourson.
De 1887 à 1894........... M. Vigné.
De 1894 à 1899........... M. Simon.
Depuis 1899.............. M. Bouchet.

Nous voici aujourd'hui, Messieurs, sur le point de renouveler encore une fois notre traité décennal avec l'État. Il nous faut envisager cette question à un double point de vue :

1° L'organisation du Collège au point de vue de l'enseignement.

2° Les rapports pécuniaires de la Ville et de l'État.

§

Actuellement, le Collège donne à ses élèves l'enseignement sous diverses formes :

Enseignement classique ;

Enseignement moderne ;

Classe primaire et classe enfantine.

Il ne saurait évidemment être question de supprimer l'enseignement classique, c'est-à-dire la culture intellectuelle générale qui conduit à l'enseignement supérieur et aux Ecoles spéciales. Sur ce point, la commission a été absolument d'accord et elle pense que vous vondrez bien confirmer son avis.

En est-il de même de l'enseignement moderne ? Nous ne le pensons pas.

L'enseignement moderne est le fruit d'un courant d'idées qui remonte au XVIIIe siècle et dont les précurseurs sont Diderot, Condorcet et Lakanal : en fait, il est sorti de la transformation de l'enseignement spécial que Victor Duruy avait institué en 1865. On a voulu découronner l'enseignement classique, mais on n'a pas osé ou voulu arriver nettemeut à l'enseignement spécial, — ce qu'en un langage plus modeste, mais plus clair, on appelle tout simplement le *Cours de Français*. L'enseignement moderne, d'après le projet de 1886, devait être *général et classique* ; c'était un enseignement où les langues mortes étaient remplaeées par l'étude des langues et des littératures modernes, — une déviation de l'ancien système, avec la plupart de ses défauts et aucune de ses qualités. Aussi n'a-t-il produit que de très médiocres résultats. L'opinion qui se dégage de la grande enquête parlementaire à laquelle il a été procédé au commencement de l'année 1899 est unanime, dit M. Ribot, Président de la commission, dans l'Introduction qu'il a écrite à la publication de l'enquête. « L'enseignement « moderne ne répond pas aux besoins « de la plupart des Collèges et des Ly- « cées » et les recteurs et inspecteurs « d'académie « regrettent qu'on ait « supprimé l'enseignement spécial. « C'est à leurs yeux une des causes qui

« rendent difficile le recrutement de la
« population des Collèges ». C'est un
enseignement incomplet et qui ne mène
les élèves à aucun résultat. « Ils en
« sortent avec des connaissance incom-
« plètes et dont ils ne peuvent se servir.
« Que feront-ils des rudimeuts de la
« langue anglaise et de la langue alle-
« mande, de l'histoire des Mèdes et des
« Assyriens ! Ils ignorent l'histoire de
« France, ils ne savent rien de la
« comptabilité. L'enseignement moder-
« ne n'était pas fait pour eux et les
« familles s'aperçoivent des lacunes de
« cette instruction si mal adaptée à
« leurs besoins (1) » Les recteurs de
Bordeaux, de Caen, de Chambéry, de
Clermont, de Dijon, de Nancy, de Tou-
louse sont d'avis de supprimer cet
enseignement. Pratiquement et avec
la tolérance ou l'appui bienveillant de
l'administration, cet enseignement est
en train de disparaître par la seule force
des choses. C'est ce qui résulte de
l'enquête parlementaire dont je viens
de vous parler. On reconnaît aujour-
d'hui qu'on a eu tort de supprimer
l'enseignement spécial dans les lycées
et collèges et cet enseignement est en
train de se rétablir de lui-même. Il
résulte d'une conférence faite à la
Société d'Economie sociale par M.
Boudhors, professeur au lycée Henri
IV (2), et des renseignements person-
nels que cet éminent universitaire a
bien voulu me fournir, que l'enseignement spécial est actuellement organisé

---

(1). — Ribot, *La Réforme de l'Enseignement secondaire*, page
51 et suivantes.

(2). — Elle a été reproduite par la revue *La Réforme
Sociale*, n° du 16 mars 1900, p. 488.

dans uu grand nombre de collèges et dans quelques lycées. Il consiste en somme à donner l'instruction nécessaire aux élèves qui ne désirent pas se livrer aux études classiques et qui se destinent au commerce, à l'industrie, à l'agriculture et à toute une série d'administrations ou de carrières, telles que les Ponts-et-Chaussées, l'administration voyère, les perceptions, les contributions indirectes, les chemins de fer, la Banque de France, les Ecoles des Beaux-Arts et d'Art décoratif, les Ecoles vétérinaires, des Mines, des Arts-et-Métiers, les Postes, les Ecoles militaires de Saint-Maixent, de Versailles, de Vincennes, de Saumur, l'Ecole navale, les Douanes, les Ecoles normales de Cluny et des départements, les offices ministériels et bien d'autres encore. Pour la préparation à ces différentes situations, il suffit de bien connaître *son français*, c'est-à-dire l'orthographe, la grammaire, l'arithmétique, la géométrie, le dessin, l'arpentage, l'histoire de France, la géographie envisagée surtout au point de vue économique, quelques éléments de sciences physiques et naturelles, la tenue des livres et la comptabilité. Suivant le cas, on y ajoute les matières exigées par les programmes spéciaux d'une Ecole ou d'un concours. On peut même y adjoindre des cours purement techniques et professionnels, ainsi que cela se passe dans un grand nombre d'établissements de l'Université : chimie agricole, dessin d'art, tissage, ajustage, travail du fer, travail du bois, menuiserie, agriculture. En général et un peu partout, on y adjoint aussi des cours de législation, de droit usuel, d'économie politique et même de calligraphie. On peut y comprendre encore l'étude de l'Anglais ou de l'Allemand, mais sans y consacrer de classes entières comme dans l'enseignement moderne (3).

C'est sur ces bases que nous désirons organiser désormais notre Collège. Il importe, en effet, d'y faire une large place à l'enseignsment spécial tel que je viens d'en donner les lignes générales, parceque, par sa situation géographique et grâce à la concurrence de quatre lycées et de deux établissements libres, le Collège d'Aubusson ne peut recruter ses élèves internes que dans les cantons voisins, c'est-à-dire dans une région essentiellement agricole, et autant l'enseignement spécial paraît nécessaire pour préparer les enfants aux professions moyennes qu'ils embrasseront plus tard, autant il paraît inutile de surcharger l'enseignement classique en maintenant la bifurcation en classique pur et classique moderne.

Nous demanderons donc, dans notre projet de traité, que le Collège d'Aubusson continue à donner l'enseignement classique à ses élèves jusqu'au baccalauréat ; que l'enseignement moderne soit absolument supprimé et que l'administration veuille bien organiser un enseignement spécial bien complet et surtout bien approprié aux besoins de la région. Nous conserverons la classe primaire et la classe enfantine qui continueront à former la pépinière et à assurer le recrutement de notre Collège. Nous sommes convaincus que cette organisation nouvelle rendra à cet établissement la prospérité que nous désirons tous. Puisque les muncipalités et l'administration universitaire ont compris que les Collèges communaux

---

(3). — Collèges de Luxeuil, Mont-de-Marsan, Flers. Séez, Châtillon-sur-Seine, Vassy, Clamecy, La Mure, Briançon, Embrun, Romans, Maubeuge, Béthune, St-Pol, Charolles, Louhans, Villefranche (Rhône), Tournus, etc. Renseignements fournis par M. Boudhors.

ne pouvaient être tous coulés dans le
même moule et qu'il y avait lieu de
recourir à un enseignement plus sou-
ple, plus divers, plus approprié aux
besoins locaux, nous avons pensé qu'il
y avait lieu de profiter de l'expérience
acquise par les autres villes et, d'accord
en cela avec l'administration académique, nous venons vous proposer d'a-
dopter les idées qui précèdent comme
base du traité décennal que nous allons
conclure avec l'Etat (1) ; et j'ajoute en
terminant cette partie de mon travail
que je serais personnellement très
heureux de vous voir entrer dans la
voie que vous indique en ce moment
votre commission, parceque votre vote
que j'espère unanime sera la consécra-
tion des doctrines que j'ai préconisées
bien souvent dans cette assemblée
depuis une douzaine d'années que j'ai
l'honneur d'en faire partie.

§

Arrivons à la partie financière de
notre traité.

Elle est dominée par la loi du 13
Juillet 1900.

Vous vous rappelez, Messieurs, que
deux députés de la Corrèze, MM. Va-
cher et Lachaud, demandèrent l'an dernier que les dépenses des Collèges
communaux fussent supportés par
l'Etat comme ceux des lycées. Nous
avons pris deux délibérations favora-

---

(1). — Pour être complet dans cette discussion, il est bon
de répondre à une objection possible. Certaines personnes
avaient pensé qu'il serait préférable d'adjoindre à l'enseignement classique du Collège une école primaire supérieure où
l'on donnerait l'enseignement professionnel. La Commission a
repoussé cette idée : 1° A cause des dépenses importantes
qu'entraînerait la fondation de cette école ; 2° Parcequ'il a
semblé avantageux d'organiser cet enseignement spécial avec
le concours de professeurs pourvus de grades universitaires et
soumis à une unité de direction qu'on ne pourrait obtenir
avec des instituteurs primaires juxtaposés aux professeurs de
Collège classique.

bles à cette proposition. Elle a abouti à la loi précitée qui décide que « la « subvention de l'Etat, pendant une « durée de dix ans, pour l'entretien de « chaque Collège communal, est fixée « d'après le déficit d'exploitation du « Collège externat. Ce déficit doit être « calculé en prenant pour base la « moyenne des résultats financiers des « trois derniers exercices précédant le « renouvellement des traités. Les com- « pléments de traitements des profes- « seurs, résultant d'une élévation de « classe personnelle, resteront à la « charge de l'Etat et n'entreront pas « dans le calcul du déficit. » (Art. 1er).

Le total des subventions de l'Etat est augmenté de un million cent mille francs et fixé à 3.650.000 francs. Après déduction de la somme de 400.000 fr., laissée à la disposition du Ministre (*Décret du 15 août 1900, art. 1er*), la subvention est répartie entre les Collèges suivant les règles suivantes : elle comprend une allocation qui représente 35 p. cent du déficit d'exploitation du Collège externat; et ensuite deux autres allocations déterminées, l'une en raison du rapport de ce déficit au chiffre des recettes ordinaires de la commune, l'autre en raison du rapport du déficit au chiffre de la population municipale. Ces deux allocations ne pourront excéder ensemble 35 p. cent du déficit d'externat. Enfin, dans le compte du déficit, on doit appliquer l'art. 1er de la loi du 13 Juillet 1900 et le chiffre des recettes ordinaires des communes est établi d'après la moyenne des trois derniers comptes, en déduisant les recettes du Collège constatées au budget (*Art. 2 et 3 du décret du 15 août 1900*).

En partant de ces données générales, on arrive aux chiffres suivants :

*Dépenses obligatoires (art. 9 du
projet du traité).*

1 Principal. — Indemnité de
   principalat.................... 3.000 f.
5 Professeurs de 1er ordre à
   2.500 francs............... 12.500
2 Professeurs de 2e ordre à
   1.900 francs. 3.800
2 Professeurs de 3e ordre à
   1.600 francs.............. 3.200
1 Professeur de dessin à 1.400
   francs........... ...... 1.400
1 Professeur de gymnastique
   (indemnité).. 300
1 Aumônier (indemnité)..... 300
2 Répétiteurs à 1.300 francs... 2 600
Indemnités aux maîtres char-
   gés des enseignements spéciaux.................... 600

2° (Art. 10 du projet de traité)

Entretien des bâtiments.. ... 300
Entretien du mobilier. 100
Entretien du matériel scienti-
   que.................. 250
Chauffage de l'externat...... 300
Eclairage de l'externat....... 300
Frais des cours de siences... 150
Abonnement à des publications 50
Frais de correspondance pour
   l'externat...... 100
Menus frais (dépenses de l'ext.)
Impressions et frais de bureau
Distribution des prix........ 500
Gages du Concierge..... 400
                   30.150
A déduire : Entretien des
bâtiments à notre charge..... 300

Total de la dépense sur laquelle la subvention doit être
calculée.................... 29.850 f.

Calcul des Subventions

Somme sur laquelle on doit
les calculer, au point de vue
des dépenses .... 29.850 f.
  Recettes présumées....... . 9.610

Déficit d'exploitation....... 20.240 f.
    Subventions :
1° 35 p. cent du déficit d'exploitation
de l'externat :

$$\frac{35 \times 20.240}{100} = \qquad 7\ 084\ f.$$

2° Rapport entre ce déficicit et les
recettes ordinaires de la ville :
    20.240 = 0.32 =   4 650 f.
3° Rapport du déficit au chiffre de la
population municipale :
20.240 (de 3 à 4 fr. par habit.) = 2.500 f.

6.548

Ces deux dernières allocations réunies
font 7.150 francs. Aux termes de l'art.
2 du décret d'administration publique,
elles ne peuvent dépasser 35 p. cent.
Nous devons donc les réduire à 7.084 fr.
Ainsi l'allocation de l'Etat sera de
14.168 francs.

Reste pour la subvention
de la ville :   20.240 fr.

    A déduire... 14.168

    Soit......... 6.072 fr.

Tel sera notre traité avec l'Etat. Pour
ne rien laisser dans l'ombre, il est bon
de dire que nous seront forcés d'installer à nos frais ou de faire installer
par les soins de M. le Principal à qui
nous devrons en tenir compte, un nouveau système d'éclairage pour rempla-
cer le système actuel qui est absolument insuffisant.

Nous devrons, en outre, effectuer des
réparations à l'immeuble sur lesquelles

l'Etat nous accordera une subvention de 50 p. cent.

Nous devrons réparer ou améliorer le matériel scolaire à nos frais.

Il faudra, du reste, que nous soyons d'accord avec l'administration sur les différentes réparations ou améliorations et qu'un état détaillé en soit annexé au projet de traité.

Nous devrons enfin supporter, comme par le passé, la charge de l'emprunt contracté l'année dernière pour éteindre par amortissement les obligations qu'a cautionnées la ville. Il en est de même de l'emprunt destiné à amortir les réparations de 1892. Mais, sur le service de cet emprunt, nous recevrons l'Etat une subvention de moitié. En tous cas ce ne sont pas là des dépenses nouvelles.

Je dois vous faire remarquer aussi que désormais les bourses d'externat quenous accordions largement jusqu'alors resteront à notre charge, non pas au point de vue directement budgétaire, mais dans nos rapports avec l'Etat qui, en ce qui concerne sa subvention, les considère comme des recettes effectives.

Il faut enfin envisager une éventualité qui ne se produira pas, espérons-le, mais qui pourrait arriver cependant. Nous avons prévu 9.610 fr. de recettes probables. Or, ces recettes se composent de la rétribution scolaire des externes et, en outre, de la somme de 160 fr. qui représente pour chaque interne la part du prix de la pension afférente à l'externat surveillé. Ce sont là des recettes réelles. Mais si le nombre des élèves descendait à 15, par exemple, cette somme de 160 fr. nous ferait défaut autant de fois qu'il y aurait de pensionnaires manquants. Comme nous avons opéré, dans nos prévisions, sur 30 pensionnaires, ce serait donc

pour nous un déficit réel de 2400 francs.
Il ne serait pas juste que la ville supportât seule ce déficit. Aussi, en prévision de cette éventualité, mais surtout
à cause des charges énormes que la
Ville d'Aubusson s'impose pour son
Collège depuis 65 ans, à cause des
sacrifices que nous n'hésitons pas à
faire encore pour le maintenir et
l'améliorer, nous pensons qu'il est
absolument juste de demander au
ministre de l'Instruction publique un
secours annuel d'au moins 2.000 francs
sur la somme de 400.000 francs que la
loi du 13 Juillet 1900 a laissé à sa disposition et qu'il peut attribuer à certains
collèges, à raison des circonstances
particulières et exceptionnelles et des
charges que s'imposent les villes, pour
l'instruction publique à tous ses
degrés.

La ville d'Aubusson remplit toutes
les conditions prévues par la loi. Elle
a dépensé près de 500.000 francs pour
son Collège depuis sa fondation ; elle
s'est, en outre, imposé de lourdes
charges pour l'enseignement primaire
ainsi que pour l'enseignement donné à
l'Ecole nationale d'art décoratif. De
plus, le Collège d'Aubusson est le seul
établissement de ce genre qui existe
dans le département de la Creuse et si
le Gouvernement veut le voir lutter avec
avantage contre la concurrence des
établissements qui l'avoisinent il faut
qu'il lui vienne en aide et qu'il soulage
les finances de la ville d'Aubusson.

Enfin, nous espérons que l'Etat
voudra bien nous aider en envoyant
dans notre Collège des boursiers qu'il
ne serait pas juste de réserver pour les
seuls lycées.

Nous avons donc fixé, d'accord avec
M. l'Inspecteur d'académie, le prix de

la rétribution due par l'Etat pour les différents boursiers ainsi qu'il suit :

```
Bourses d'internat...... .....   500 fr.
   —    de demi-pension......   350
   —    d'externat surveillé. .  140
   —    d'externat simple.....    80
```

§

Comme conséquence de son traité avec l'Etat, la Ville doit faire un traité spécial avec le Principal.

Les bases en sont, du reste, fort simples.

Le Principal prendra à sa charge la gestion complète du Collège, moyennant le logement, la fourniture de tout le matériel et mobilier nécessaires. La Ville percevra la rétribution scolaire des externes et la somme de 160 francs qui représente la part dans le prix de l'internat constituant l'externat surveillé. Le principal percevra, en outre, les 30 fr. prévus par chaque pensionnaire pour frais généraux.

Telle sera la situation jusqu'à 30 pensionnaires.

Au-dessus de ce nombre, cette situation sera renversée. Le Principal touchera intégralement le prix de l'internat, soit 400 francs, et la Ville bénéficiera seulement des 30 francs perçus pour les frais généraux. Dans tous les cas, le Principal touchera la subvention de 3.000 francs qui a figuré dans le budget du Collège, tel qu'il a été établi pour le règlement des rapports financiers entre la Ville et l'Etat.

Votre commission a pensé que, grâce aux éléments du nouveau traité dont elle m'a chargé de vous exposer les détails assez compliqués, elle faisait œuvre utile et juste. La situation de la Ville, celle du Collège, celle du Principal seront incontestablement améliorées et ainsi la loi du 13 Juillet 1900, sans donner tout ce que nous attendions d'elle, produira de sérieux avantages pour nos finances et pour une institution à laquelle nous sommes fortement attachés depuis si longtemps.

Vous tenez tous, Messieurs, à la conservation de votre Collège, à ses progrès, à son extension, à sa prospérité. Vous voterez sans hésitation le projet qu'au nom de votre commission je viens de vous soumettre, personnellement heureux d'avoir pu ainsi apporter mon vif tribut de reconnaissance à l'Etablissement où j'ai reçu l'instruction et qui m'a aidé ensuite, ainsi que tant d'autres camarades, à faire notre modeste chemin dans la vie.

Henry CLÉMENT.

Dans la séance du 18 novembre 1900, il a été donné lecture de ce rapport et les conclusions en ont été adoptées à l'unanimité par le Conseil Municipal.

www.ingramcontent.com/pod-product-compliance
Ingram Content Group UK Ltd.
Pitfield, Milton Keynes, MK11 3LW, UK
UKHW021713090726
13657UKWH00005B/2228